Disney

DONALD macht Urlaub

Szenario
Frédéric Brrémaud
&
Zeichnungen und Kolorierung
Federico Bertolucci

„Donald macht Urlaub"
Zeichnungen: Federico Bertolucci, Szenario: Frédéric Brrémaud

Originaltitel: „Les Vacances de Donald"
Erstveröffentlichung in Frankreich bei Editions Glénat 2021

Deutschsprachige Ausgabe erschienen in der
Egmont Comic Collection
verlegt durch Egmont Verlagsgesellschaften mbH,
Alte Jakobstr. 83, 10179 Berlin

Verantwortlicher Redakteur: Fabian Gross
Gestaltung: Wolfgang Berger
Koordination: Angelika Schönhuber
Printed in the EU
ISBN 978-3-7704-0239-7

www.egmont-shop.de
www.egmont-comic-collection.de
@egmont_comic_collection

DONALD DUCK

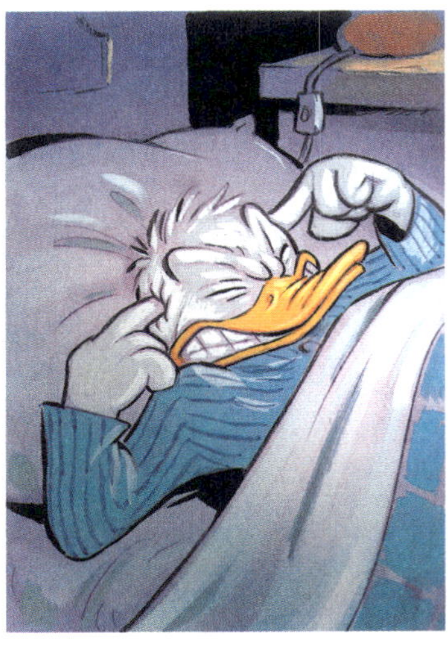

AUSFAHRT
ENTENHAUSEN

313

313

Z

HONEY

?

Z

Z

Z

Z

Z Z Z

Z Z Z Z

Z

Z

Z

Z

ENTENHAUSEN
73 Km
ENDE

Central
FOTO SERVICE
Central
FOTOSERVICE
KRAMER'S
BANK
Cafe

BANK
Cafe